Vamos a leer sobre...
César Chávez

A Marcos, Renee, Emilio...
y a toda la gente que trabaja en el campo para
poner alimentos en nuestras mesas.
—J.T.

A la Señora Rallou Hamshaw,
quien hace muchos años, me asignó
mi primer trabajo como ilustrador y se aseguró
de que lo hiciera correctamente.
—S.M.

Translated by Madelca Domínguez

ISBN 0-439-69017-X

12 11 10 9 8   10 11 12 13 14/0

Printed in the U.S.A.   40
First Spanish printing, October 2004

Vamos a leer sobre...
César Chávez

por Jerry Tello
Ilustrado por Stephen Marchesi

Cartwheel
·B·O·O·K·S·®

SCHOLASTIC INC.

New York   Toronto   London   Auckland   Sydney
Mexico City   New Delhi   Hong Kong   Buenos Aires

César Estrada Chávez nació
el 31 de marzo de 1927.
Se crió con su numerosa familia
en una casa muy pequeña en Arizona.

Como su familia no encontraba
trabajo en Arizona,
tuvo que mudarse a California.
Fue allí donde César comenzó
a ir a la escuela.

La escuela le resultaba muy difícil.
César solo hablaba español y
sus maestros solo hablaban inglés.
Les era muy difícil comunicarse.

Pero a César le encantaba aprender.
Su madre le enseñó algo muy importante.
Le dijo que todas las personas merecían respeto.

La familia de César viajaba por toda California
en busca de trabajo.
Se dedicaba a recoger cosechas de frutas
y hortalizas en los campos.

César iba a la escuela que le quedara más cerca.
Cuando llegó al octavo grado, ya había estado
¡en 37 escuelas diferentes!

César tuvo que dejar de ir a la escuela
para trabajar en el campo.
Tenía que ganar dinero para ayudar a su familia
y trabajaba desde el amanecer hasta el anochecer.

Veía que los terratenientes trataban muy mal
a los trabajadores.
Esto iba en contra de todo lo que su madre le había
enseñado sobre el respeto que merecían las personas.

César se alistó en la marina a los 17 años.
Se sentía muy triste al estar separado
de sus familiares, pero les enviaba
dinero para ayudarlos.
Nunca olvidó lo dura que era la vida del campo.

Pasaron muchos años.
César regresó a California en 1948
y conoció a una muchacha llamada Helen Fabela.
Se enamoraron y poco después se casaron.

César y Helena enseñaron a los trabajadores
del campo a leer y escribir.
Querían ayudarlos a reclamar sus derechos.

César decidió crear una organización para ayudar
aún más a los trabajadores del campo.
Se llamaba Sindicato de Trabajadores Agrícolas.

César recorrió muchas haciendas.
Les explicaba a los trabajadores que ellos
merecían un trato justo.

La organización decidió hacer una bandera.
Era roja y negra.
Tenía un águila.
Representaba el orgullo y el respeto
que exigían los trabajadores.

Su grupo organizó marchas y huelgas.
Los terratenientes no les hacían caso a César
ni a los trabajadores.
Amenazaron con despedir a los trabajadores
si seguían participando en las marchas y las huelgas.

Los trabajadores estaban cada vez más enojados.
César decidió que tenía que hacer algo más.
Hizo una huelga de hambre.
No comió nada durante 25 días.
César hizo esto para demostrar que tomaba
muy en serio su causa.

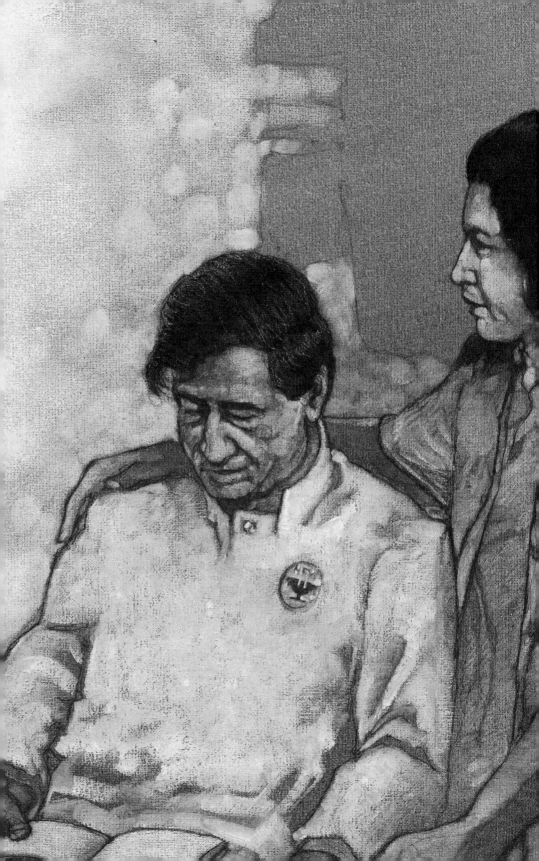

César y su organización lucharon mucho para lograr cambios.
Querían que se respetara a los trabajadores del campo que trabajaban tan duro todos los días.

Hoy en día, hay escuelas, calles y bibliotecas
que llevan el nombre de César Chávez.
César Chávez dedicó toda su vida a luchar
por los demás.
Es un héroe para todos nosotros.